Fakten über den härtesten Bart der Welt

Das ultimative und inoffizielle Chuck Norris Witze Buch

Von

NicA**ti**

Hinweis

Zwischen den Autoren des Buches und dem einzigartigen Chuck Norris besteht keinerlei Verbindung. Es handelt sich lediglich um eine Sammlung, der unsere Meinung nach lustigsten Fakten und Witze über Chuck Norris.

Sämtliche Witze, Sprüche und Fakten haben sich über mehrere Jahre angesammelt oder stammen teils aus frei zugänglichen Internetseiten und Portalen.

Viel Vergnügen

Chuck Norris hat seine Führerscheinprüfung bestanden, zu Fuß

∞

Chuck Norris klebt Tische unter Kaugummi

∞

Chuck Norris hat 47 Terroristen mit 2 Schüssen getroffen. Der erste Schuss war ein Warnschuss

∞

Chuck Norris hat die Schlümpfe
blau geprügelt

∞

Wenn Chuck Norris in die
Steckdose fasst, kriegt das
Kraftwerk einen Schlag

∞

Chuck Norris kann Atomstrom von
Ökostrom unterscheiden und zwar
am Geschmack

∞

Eines Tages hörte Chuck Norris,
dass Nichts ihn töten könnte. Also
zog er los und tötete das Nichts
zuerst

∞

„Chuck? Wie viele Liegestützen
schaffst du eigentlich?"
„Alle"

∞

Chuck Norris spielt 4 gewinnt und
gewinnt in nur 3 Zügen

Chuck war Kamikaze-Pilot... 12-mal

∞

Einmal warf Chuck Norris eine
Granate und tötete damit 20
Menschen. Erst danach explodierte
die Granate

∞

Chuck Norris schickt Briefbomben
per Email

∞

Viele Leute haben Angst vor dem Tod – der Tod hat Angst vor Chuck Norris!

∞

Chuck Norris stirbt nicht, er gönnt dem Leben eine Pause

∞

Chuck Norris wurde von der CIA verhört. Sie haben ihm alles gesagt!

∞

Chuck Norris wurde einmal von der Polizei angehalten. Die Polizei ist mit einer Verwarnung davongekommen

∞

Chuck Norris weiß nicht alles, er weiß noch viel mehr!

∞

Wenn Chuck Norris parkt muss die Parkuhr bezahlen

∞

Chuck Norris Auto fährt nicht mit
Benzin, es fährt aus Respekt

∞

Chuck Norris kann seinen Namen in
Beton pinkeln

∞

Wenn Chuck Norris in einen Raum
kommt, stehen die Stühle auf

∞

Chuck Norris spielt Schere Stein Papier mit seinem Spiegelbild und gewinnt

∞

Chuck Norris kann mit einer Lupe Feuer machen – Nachts!

∞

Bevor Monster ins Bett gehen, schauen sie vorher in den Schrank und unter das Bett, um zu sehen, ob Chuck Norris dort ist

∞

Chuck Norris liest nicht. Er starrt das Buch so lange an bis es ihm seinen Inhalt verrät

∞

Chuck Norris kann durch „Null" teilen

∞

Chuck Norris benutzt Aufzüge nur im Brandfall

∞

Chuck Norris isst keinen Honig – er kaut Bienen!

∞

Chuck Norris trägt keine Superman Unterhosen, Superman trägt Chuck Norris Unterhosen
Wenn Chuck Norris Zwiebeln schneidet, weinen die Zwiebeln

∞

Chuck Norris kann im Karussell überholen

∞

Jesus, Chuck Norris und ein Priester fahren mit einem Boot auf einem See. Plötzlich steigt Jesus aus und läuft auf dem Wasser. Chuck Norris tut es ihm gleich, steigt aus dem Boot und läuft auf dem Wasser. Der Priester faltet die Hände und betet: „Lieber Gott, bitte mach, dass ich auch auf dem Wasser laufen kann." Danach steigt der Priester aus dem Boot – und geht unter. Da sagt Jesus zu Chuck Norris: „Meinst du, wir hätten ihm sagen sollen, wo die Steine sind?" Darauf Chuck Norris: „Welche Steine?"

∞

Chuck Norris kann unter Wasser grillen

∞

Wenn Chuck Norris in die Sonne schaut, wird die Sonne blind

∞

Chuck Norris hat seinem Vater gezeigt wie man sich rasiert

∞

Chuck Norris kann im Stehen sitzen

∞

Chuck Norris ertränkt Fische im Aquarium

∞

Chuck Norris kann Hardware Downloaden

∞

Wenn Chuck Norris sich schneidet, blutet das Messer

∞

Chuck Norris kann aus dem Wasserhahn trinken. Auf EX

Frodo wirft den Ring in den Vulkan, Chuck Norris wirft den Vulkan in den Ring

∞

Chuck Norris hat schon bis unendlich gezählt – zweimal

∞

Chuck Norris hat schon bis unendlich gezählt, doch was niemand wusste... Er hat bei minus unendlich angefangen

∞

Chuck Norris spielt eine halbe
Stunde PlayStation in 20 Minuten

∞

Chuck Norris schläft mit einem
Kissen unter der Waffe

∞

Wenn Chuck Norris wirklich
existieren würde, dann würde er
jetzt hinter mir stehen und meinen
Kopf auf die Tastatur
hauhshsbfuözDluRhlDEOtodZDLZd
ulgähyk

∞

Wenn Chuck Norris Fernsehen guckt, überspringt sich die Werbung von selbst

∞

Wenn Chuck Norris in einen Supermarkt kommt, berät er das Personal

∞

Chuck Norris macht Eiswürfel im Ofen

∞

Wenn Chuck Norris Kalorien verbrennen will, zündet er dicke Kinder an

∞

Was geht den Opfern von Chuck Norris als Letztes durch den Kopf? Sein Fuß

∞

Wenn Chuck zu spät kommt, geht die Uhr falsch

∞

Wenn Chuck Norris sich bückt,
krümmt sich eigentlich der Raum

∞

Chuck Norris hat keine Angst vor
der Dunkelheit, die Dunkelheit hat
Angst vor Chuck Norris

∞

Chuck Norris sticht Mücken, bevor
sie ihn stechen

∞

Chuck Norris hat alle Pokémon gefangen – mit einem Festnetz-Telefon

∞

Wenn Chuck Norris ins Wasser springt, wird er nicht nass, dass Wasser wird Chuck Norris

∞

Es gibt keine Chuck Norris Witze! Es sind alles Tatsachen!

∞

Wenn Lord Vorldemort über Chuck Norris spricht, spricht er von „du weißt schon wer"

∞

Wenn Chuck Norris sagt „ich hole Dir die Sterne vom Himmel!" ist das kein Witz. Er besitzt ein Trampolin

∞

Chuck Norris kennt die letzte Ziffer von Pi

∞

Chuck Norris kann den toten
Winkel reanimieren

∞

Chuck Norris kann Bälle umkippen

∞

Wenn Chuck Norris über eine rote
Ampel fährt bekommt er keinen
Strafzettel, die Ampel bekommt
einen weil sie Chuck Norris
aufhalten wollte

∞

Chuck Norris geht zu Apple und kauft Obst

∞

Google sendet Suchanfragen an Chuck Norris

∞

Chuck Norris hat schon mehr Menschen vermöbelt als IKEA

∞

Chuck Norris hielt die Hand seiner Großmutter bei der Geburt seines Vaters

∞

Wenn Chuck Norris am Lagerfeuer sitzt, spielt das Lagerfeuer Gitarre!

∞

Chuck Norris isst sein Knoppers um halb neun

∞

Jesus lief über Wasser, aber Chuck Norris schwamm durchs Land

∞

Wenn Chuck Norris Single ist, hat er trotzdem eine Freundin

∞

Chuck Norris hat mal Schach gespielt. Er hat in einem Zug gewonnen

∞

Chuck Norris wurde von einer Kobra gebissen nach 5 qualvollen Tagen starb sie

∞

Der Papst zu Chuck Norris: „Ich bin der Vertreter Gottes." Darauf Chuck Norris: „Ich wusste gar nicht, dass du für mich arbeitest"

∞

Physiker sind verblüfft: Chuck Norris zweiter Roundhouse-Kick kommt noch vor seinem ersten Roundhouse-Kick an

Chuck Norris trinkt seinen Kaffee
schwarz – ohne Wasser

∞

Chuck Norris hat zweimal
Monopoly gespielt – und dreimal
gewonnen

∞

Wenn Chuck Norris angeln geht,
sieht das so aus: „Du, du und du,
rauskommen"

Chuck Norris ist eigentlich seit 10 Jahren tot... Der Tod hatte nur noch nicht den Mut es ihm zu sagen

∞

Chuck Norris kann Videos ausdrucken

∞

Bei einem Waldbrand hatte man beschlossen Chuck Norris um Hilfe zu fragen, als das Feuer dies mitbekam erlosch es sogleich!

Chuck Norris macht Selfies-mit
einem Festnetztelefon

∞

Chuck Norris besuchte Deutschland
und lehnte sich gegen eine Mauer,
...noch heute reden alle vom
Mauerfall!

∞

Chuck Norris kann schwarze Stifte
nach der Farbe sortieren

∞

Chuck Norris schwitzt nicht beim kacken. Die kacke schwitzt beim Chuck Norrissen

∞

Wenn Chuck Norris Liegestützen macht, drückt er die Welt nach unten

∞

Chuck Norris läuft bei Super Mario nach links

∞

Chuck Norris hat dieses Jahr den Boston-Marathon gewonnen! Er war in Berlin gestartet

∞

Chuck Norris gewinnt Mensch ärgere dich nicht in einem Zug

∞

Wenn Chuck Norris auf der Titanic mitfährt, bleibt sogar das Wasser freiwillig draußen

∞

Chuck Norris macht Farbfotos mit einer Schwarzweiß Kamera

∞

Chuck Norris gewinnt jeden 100 Meter Lauf. Er kennt eine Abkürzung

∞

Chuck Norris kann Drehtüren zuschlagen

∞

Chuck Norris übernimmt morgen um 8 Uhr die Bauleistung des neuen Berliner Flughafens... Um 10 Uhr ist Eröffnung

∞

Chuck Norris fällt nicht. Er attackiert den Boden

∞

Wenn ein Zug sterben will wirft er sich vor Chuck Norris

∞

Chuck Norris macht mit einem
Schlag zwei Home-runs

∞

Chuck Norris kann schneller stehen
als du laufen kannst

∞

Chuck Norris zerquetscht eine
Kokosnuss mit seinen Augenlidern

∞

Wenn Chuck Norris mit der Bahn fährt, muss der Schaffner sein Ticket zeigen

∞

Am Bahnautomaten erhält Chuck Norris sein Wechselgeld in Scheinen

∞

Chuck Norris fällt mit dem Haus in die Tür

∞

Chuck Norris kann M&M's nach dem Alphabet sortieren

∞

Chuck Norris ist Stäbchen mit Chinesen

∞

Schumacher, Schwarzenegger und Chuck Norris sind bei Gott im Himmel, einer soll Gottes Rechte Hand werden. Schumacher sagt: Gott nimm mich. Ich bin 7 facher Formel 1 Weltmeister. Schwarzenegger sagt: Ich bin aber Mister Universum. Chuck Norris sagt zu Gott: „Gott du sitzt auf meinem Stuhl"

∞

Chuck Norris tränen können Krebs Heilen, nur schade dass er niemals weint

Chuck Norris macht Liegestütze
und Situps zur gleichen Zeit

∞

Chuck Norris macht bei einem 100
Meter lauf mit. Er kommt nach 80
Meter ins Ziel

∞

Chuck Norris hat sich bei seiner
Geburt aus dem Bauch seiner
Mutter frei geboxt und 5 min
später wuchs ihm ein Bart

Chuck Norris braucht keine Luft zum Atmen. Die Luft braucht Chuck Norris

∞

Chuck Norris schaut niemals auf den Kalender. Er entscheidet welcher Tag es ist

∞

Chuck Norris ist nicht schneller als das Licht, das Licht hat bloß angst ihn zu überholen

Wenn Chuck Norris eine Bank
überfällt bekommt er Zinsen darauf

∞

Als bei Chuck Norris der Strom
ausfiel, bemerkte er dies gar nicht,
seine Elektrischen Verbraucher
funktionierten aus Respekt weiter

∞

Es gibt vier Aggregatzustände: Fest,
Flüssig, Gasförmig, Chuck Norris

∞

Chuck Norris hat an seinem dritten Lebenstag den Namen in seine Geburtsurkunde selbst eingetragen!

Chuck Norris hat einmal eine Party geschmissen.

100 Meter weit

Jesus und Chuck Norris stehen an einem See und halten ihr Gemächt ins Wasser. Sagt Jesus: "Das Wasser ist 22 Grad warm". Darauf Chuck Norris: „Ja, und der See ist 6 Meter tief."

∞

Chuck Noris feiert kein Geburtstag sein Geburtstag feiert ihn

∞

Bei Chuck Norris bekommt sogar der elektrische Strom einen Schlag

Chuck Norris hat sich nur einmal geirrt! Und zwar als er dachte, dass er sich geirrt hat

∞

Chuck Norris kann komplett die Nationalhymne rülpsen. Mit einem einzigen Rülpser

∞

Chuck Norris kann Strg+Alt+Entf gleichzeitig mit einem Finger drücken

∞

Chuck Norris isst „After Eight"
schon um sieben

∞

Chuck Norris kann Hängeschränke
aufhängen. Ohne Wand

∞

Wenn Chuck Norris auf Bud
Spencer trifft dürfen Menschen
hoffen, dass die Welt das übersteht

∞

Chuck Norris benutzt keine Zahnseide. Er benutzt eine Fahrradkette!

∞

Chuck Noris hat die Formel 1 ausgerechnet

∞

Wenn Chuck Norris Alkohol trinkt, wird der Alkohol betrunken

Chuck Norris kennt mehr Chuck Norris Witze als jeder Andere

∞

Chuck Norris macht Klingelstreiche bei Schneckenhäusern

∞

Chuck Norris soll mal einen Kampf
mit einem Piraten verloren haben.
Das ist natürlich nur ein Gerücht,
das von Chuck Norris verbreitet
wurde um noch mehr Piraten
anzulocken

∞

Die Dinos sind nicht wegen einem
Meteorit ausgestorben; Chuck
Norris hat ihn abgefangen und
dann die Dinos umgebracht

∞

Chuck Norris fährt mit Sommerreifen im Winter und hat super Grip

∞

Chuck Norris lässt sich bei Media Markt von Tech-Nick beraten

∞

Das ist keine Flut, Chuck Norris hat sein Strandhaus verkauft, das Wasser blieb die Jahre über aus Respekt fern...

Als Chuck Norris in der Schule war, mussten sich die Lehrer melden, wenn sie mit ihm sprechen wollten

∞

Chuck Norris bekommt Updates für Windows 3.11

∞

Chuck Norris Penis ist so lang, er reicht für eine Fernbeziehung

Chuck Norris kann aus M&M's
Wörter legen

∞

Chuck Norris Zimmerpflanzen
brauchen keine Erde, sie wachsen
auf dem blanken Fußboden, weil er
es so will

∞

Chuck Norris wurde geblitzt beim
einparken

Chuck Norris kann mit Schalke die Bundesliga gewinnen

∞

Chuck Norris braucht keine Waschmaschine. Die Flecken verschwinden von alleine, sonst gibt es einen Roundhouse-Kick

∞

Chuck Norris versteht die Frauen

∞

Chuck Norris mach aus Hühnerfrikassee wieder Hühnchen

∞

Chuck Norris sticht sich seine Tattoos selbst. Wenn sie ihm nicht mehr gefallen verschwinden sie von selbst

∞

Chuck Norris braucht keine Sonnenbrille. Die Sonne braucht eine Chuck Norris-Brille

Chuck Norris hat nach dem
Rasieren einen 3-Tage Bart

∞

Chuck Norris verwählt sich nicht,
wenn du abnimmst bist du nur am
falschen Telefon

∞

Chuck Norris gab mal einem Pferd
einen Kinnhaken die heutigen
Nachfahren sind bekannt als
Giraffen

Chuck Norris Glückstag ist Freitag
der 13.

∞

Chuck Norris kaut keine
Kaugummis, die Kaugummis kauen
sich selbst, sobald er sie anstarrt

∞

Chuck Norris braucht die Toilette
nicht zu spülen. Er sagt einfach
„Buh!" und schon haut die Kacke
von alleine ab

Kleine Kinder pinkeln ihren Namen in den Schnee – Chuck Norris pinkelt seinen Namen in den Straßenbelag!

∞

Chuck Norris muss die Uhr nie umstellen. Er lebt einfach eine Stunde schneller

∞

Chuck Norris' Bits können den Zustand 2 annehmen

Seit dem Chuck Norris schwimmen
kann ist Arielle nur noch eine
Meerfrau

∞

Chuck Norris kennt den Vornamen
von Aristoteles

∞

Chuck Norris hat den Niagarafall
gelöst

∞

Chuck Norris wurde schon oft getötet, aber er hat es überlebt

∞

Chuck Norris malt nicht den Teufel an die Wand, der Teufel malt Chuck Norris an die Wand

∞

Chuck Norris kann dir einen Kopfschuss ins Knie geben, damit dein Arm Bauchschmerzen hat

∞

Chuck Norris kann Nokia Handys
zerstören

∞

Chuck Norris speilt Minecraft ohne
Pixel und in Full-HD

∞

Chuck Norris darf keinen
Handstand machen, weil dann die
Gefahr bestünde, dass er die Erde
aus ihrer Umlaufbahn wirft

∞

Was kam zuerst: das Ei oder die Henne? – Chuck Norris

∞

Chuck Norris empfindet keinen Schmerz, der Schmerz empfindet Chuck Norris

∞

Chuck Morris und Supermann haben mal gewettet. Der Verlierer muss seitdem die Unterhose über seiner Hose tragen...

Als Chuck Norris Medusa an sah
versteinerte sie

∞

Chuck Norris kann Drehtüren
zuknallen

∞

Wie sind die Dinosaurier
ausgestorben? Sie haben sich über
Chuck Morris witzig gemacht

∞

Chuck Norris hat sein eigenes Spiegelbild nur durch anstarren so verängstigt, dass es weggelaufen ist

∞

Chuck Norris bleibt länger im Eis als Ötzi

∞

Der Prophet musste zum Berg gehen, der Berg kam zu Chuck Norris

Wenn Chuck Norris die Krätze hat,
fragen sich die Milben, warum es so
juckt

∞

Chuck Norris kann seinen Ellbogen
lecken

∞

James Bond isst Müsli zum
Frühstück.
Chuck Norris isst Frühstück zum
Müsli

∞

Chuck Norris bekommt 20% bei Praktiker. Auch auf Tiernahrung

∞

Chuck Norris glaubt nicht an Gott. Gott glaubt an Chuck Norris

∞

Die Nacht ist Chuck Norris bevorzugte Zeit. Das ist auch der Grund, weshalb sie dunkel ist

∞

Chuck Norris markiert
Männerparkplätze mit seinem Foto

∞

Chuck Norris hat Mal den Nordpol
geschlagen. Jetzt muss der Nordpol
mit Eis kühlen

∞

Chuck Norris kennt 2000 Wörter
die sich auf Pfirsich reimen

∞

Wenn Chuck Norris einen Diesel fährt, entsprechen die Abgaswerte den Herstellerangaben

∞

Selbst Chucks Brusthaare haben Brusthaare

∞

Chuck Norris hat ein Stein als Haustier er nannte ihn die Erde

∞

Chuck Norris bekommt kompetente Beratung bei Media Markt

∞

Chuck Norris schneidet ein heißes Messer mit Butter

∞

Chuck Norris macht aus USA, USB

∞

Chuck Norris wirft auch nach 20
Uhr Altglas ein

∞

Geister erzählen sich am Lagerfeuer
Chuck Norris Geschichten

∞

Chuck Norris kann eine 5 Minuten
Terrine in 3 Minuten zubereiten

∞

Chuck Norris fing bei Clash of Clans
mit Rathaus lvl.11 an

∞

Chuck Norris macht aus einer
Frucht einen Multi Vitamin Saft

∞

Chuck Norris tankt nicht. Sein Auto
fährt aus Respekt

∞

Chuck Norris gewinnt die US-
Präsidentenwahl - auch ohne
Florida

∞

Chuck Norris betritt nicht den
Raum, ...er erscheint

∞

Chuck Norris hat in seinem Leben
zwei Weltkriege angefangen

∞

Egal was dir Chuck Norris kocht. Es schmeckt gut

∞

Wenn Chuck Norris deiner Mudda einen Roundhousekick verpasst bleibt sein Fuß in Falte Nr. 734 stecken

∞

Chuck Norris schafft 20 Pfund Steaks in einer Stunde. Er hatte die ersten 45 Minuten Sex mit der Kellnerin

Chuck Norris traut sich trotz
Durchfall zu furzen

∞

Chuck Norris spielt GTA V... Er tötet
20 Menschen, stiehlt 4 Autos und
überfallt 3 Läden, während das
Spiel lädt

∞

Atlas trägt die Welt auf seinen
Schultern, Chuck Norris trägt Atlas
auf seinen Schultern

Chuck Norris bekommt vom
Bankautomaten auch 3-Euro-
Scheine

∞

Wenn Jemand versucht Chuck
Norris mit einer Eisenstange zu
ersticken verbiegt die Stange

∞

Wenn sich Chuck Norris einen
Fidget Spinner kauft, dreht er sich
aus Respekt

Chuck Norris gelang es ein Kamel mit einem Dromedar zu kreuzen, das Ergebnis hatte drei Höcker

∞

Direkt nachdem Chuck Norris auf die Welt kam, hat er seiner Mutter erstmal Milch gegeben

∞

Chuck Norris war schon mit 9 Pokémon Meister

∞

Deine Mutter ist so fett, nicht mal
Chuck Norris konnte sie besiegen

∞

Chuck Norris hat keinen Meniskus,
er hat Kugellager

∞

Wenn Chuck Norris ein Ei essen
will, dann pellt er sich ein Huhn

∞

Wenn die Erde sich dreht, muss
Chuck Norris laufen

∞

Chuck Norris zieht schwarze Löcher
an

∞

Chuck Norris riecht nicht an
Blumen, sondern Blumen riechen
an Chuck Norris

∞

Chuck Norris hat keine Haare am Sack, auf Stahl wachsen keine Haare

∞

Chuck Norris hat das linkswinklige Dreieck erfunden

∞

Chuck Norris kann unter Wasser Feuer machen

∞

Chuck Norris fährt eine
Rennmaschine...ohne Räder

∞

Wenn Chuck Norris in die Nähe
kommt haut die Nähe ab

∞

Chuck Norris fährt mit einem
Schaltgetriebe Automatik

∞

Chuck Morris besitzt mehr
Kreditkarten als Max Mustermann

∞

Wenn Chuck Norris zu einer Ampel
geht, drückt er sie nicht sondern
die Ampel drückt sich selber

∞

Arnold Schwarzenegger hat einige
Jahre mit Chuck Norris in einem
Haus gelebt. Irgendwann wollte
Chuck aber kein Haustier mehr

Chuck Norris weiß genau, was man Ehemänner von Vegetarierinnen zur Hochzeit schenkt: eine Auswahl fleischfressender Pflanzen

∞

Chuck Norris teilt in einer Stunde mehr Schläge aus als das A-Team im Ganzen Jahr

∞

Chuck Norris hat mit 3 Jahren ein Computer zerstört, das ist der Beweis das seine Finger für die Tasten zu groß sind

Chuck Norris kann den Stuhl, auf dem er sitzt, hochheben

∞

Delphine schwimmen mit Chuck Norris, wenn sie Probleme haben

∞

Chuck Norris wollte nur klatschen, weil er ferngesehen hat. Dann geschah der Urknall

∞

Wenn Chuck Norris im Gerichtssaal sitzt, muss der Richter ins Gefängnis

∞

Chuck Norris kennt nicht jeden doch alle kennen Chuck Norris

∞

Chuck Norris isst keinen Honig. Er kaut Bienen

∞

Wenn Bruce Banner wütend wird,
wird er zum unglaublichen Hulk.
Wenn Hulk wütend wird, wird er zu
Chuck Norris

∞

Wenn Chucky die Mörderpuppe
Chuck Norris sieht, tötet sie sich
selbst

∞

Chuck Norris muss nicht in die
Sonne, er wird braun, wenn er es
will

Chuck Norris gewinnt die
Champions League mit THW Kiel

∞

Chuck Norris schläft nicht, er wacht

∞

Chuck Norris kaufte sich ein neues
Pokémonspiel und hat das ganze
spiel durch + Pokedex voll... dann
startet er es

∞

Mister Burns: „Smithers, lassen sie Chuck Norris auf die Hippies los!"

∞

Chuck Norris streut sich Basiliken über den Tomaten-Mozzarella-Salat

∞

Maulwürfe graben sich bis zu 5 Meter unter die Erde, Chuck Norris gräbt sich durch die ganze Erde

∞

Chuck Norris fährt seinen Diesel seit über 10 Jahren mit Eigen-Urin. Das ist billiger, antriebsstärker und fast CO_2 frei

∞

Chuck Norris liebt Whirlpools und verzichtet nie auf sein Blubberwasser. Niemals, nicht mal im offenen Meer. Wie? Er furzt

∞

Chuck Norris ist schneller als „The Flash". Sogar im Sitzen

Chuck Norris kennt keine Angst –
die Angst kennt ihn

∞

Chuck Norris trinkt keine Milch. Er
isst Euter

∞

Chuck Norris kennt das Ende von
der Lindenstraße

In einigen Jahren fliegen wir zum Mars. Chuck Norris war schon dort und hat ein Haus gebaut

∞

Das Symbol auf Behindertenparkplätzen bedeutet eigentlich, dass dieser Platz Chuck Norris gehört und wenn du darauf parkst, tritt er dich in den Rollstuhl

∞

Chuck Norris schläft nicht, er wartet

Chuck Norris ist schon seit 10
Jahren Tod, aber der Tod hatte viel
zu viel Angst es ihm zu sagen

∞

Chuck Norris isst im Bus

∞

Mewtu war das stärkste Pokémon
bis es Chuck Norris gesehen hat

∞

Chuck Norris zahlt keine Steuern. Er hat einfach keine Zeit für den Quatsch

∞

Wenn Chuck Norris nicht einschlafen kann zählen die Schafe ihn

∞

Wie liest Chuck Norris? Gar nicht. Er starrt das Buch so lange an bis es ihm sagt was er wissen will

Es heißt nicht die Schönheit ist die Blüte des Glücks, sondern Chuck Norris ist die Blüte des Todes

∞

Jesus lief übers Wasser und Chuck Norris lief über Jesus

∞

Chuck Norris ist vor kurzen schwimmen gegangen. Er hat Amerika entdeckt

∞

Selbst Chuck Norris hat Angst vor
deiner Mutter

∞

Einige Leute essen zum Frühstück
Müsli. Chuck Norris isst die Zähne
seiner besiegten Feinde – OHNE
MILCH

∞

Chuck Norris speichert Daten auf
dem RAM

Chuck Norris isst am liebsten
Melonen-Joghurt...mit ganzen
Früchten

∞

Chuck Norris isst auch Suppe mit
Stäbchen

∞

Wenn Chuck Norris in See sticht
bricht der Meeresspiegel

∞

Chuck Norris muss sich aus einem Telefongespräch rauswählen, da ansonsten die Verbindung aus Respekt bestehen bleiben würde

∞

Chuck Norris macht, wenn er ins Bett geht sein Nachtlicht an, nicht weil er Angst vor der Dunkelheit hat, nein die Dunkelheit hat Angst vor ihm

∞

Chuck wirft eine Granate es sterben 20 Menschen dann explodiert sie

Chuck Norris kann sich selbst einen Roundhouse kick verpassen, doch er selbst würde den Angriff kommen sehen und ihn verteidigen

∞

Der wahre Grund, warum sich Hitler tötete, ist dass Hitler herausgefunden hat, das Chuck Norris Jude ist

∞

Chuck Norris ist so hart, wenn er den Schleudersitz betätigt, wird nicht er sondern das Flugzeug weggeschleudert

∞

Die Frau von Chuck Norris brauchte eine ganz besondere Pille zur Verhütung, die hatte 200 Kilo und wurde von ihr vor die Schlafzimmertür gerollt

∞

Chuck Norris sieht einen Bus in Amerika und pfeift. Der Bus bleibt stehen

Gestern wurde Chuck Norris von einem Mann angeschossen... der arme Mann, er wird morgen beerdigt

∞

Chuck Norris hat doch nie Spaghetti gegessen, die krümmten sich immer aus Angst zu Spiralen

∞

Chuck Norris konnte jede Menge essen ohne dick zu werden, die Kalorien verbrannten schon vorher

Chuck Norris macht aus dem
Elefanten eine Fliege

∞

Chuck Norris wurde von seiner
Tante geboren, weil keiner sich
getraut hat seine Mutter zu f*****

∞

Chuck Norris war Fallschirm
springen und bemerkte, dass der
Fallschirm kaputt war. Nach dem
Sprung ging er ihn umtauschen

Chuck Norris bekommt im Supermarkt seinen Einkauf nicht in eine Tüte eingeräumt, sondern in einen Geschenkkorb und der wird ihm nach Hause gebracht

∞

Chuck Norris hat den Film schon gesehen bevor er gedreht wird

∞

Gott hat nicht Chuck Norris erschaffen, sondern Chuck Norris hat Gott erschaffen

Chuck Norris spielt nicht Orgel! In seiner Nähe, ertönt die Orgel aus Respekt

∞

Hat Chuck Norris die Zeitung fertig gelesen so bleiben nur leere Blätter übrig

∞

Wenn Chuck Norris Schiedsrichter ist fliegen ständig Spieler vom Platz - 100 Meter hoch

Chuck Norris hat den
Energieverbrauch seines Autos
radikal reduziert. Es hat vorne
kleinere Räder als hinten und rollt
quasi immer bergab

∞

Deine Mutter ist so hässlich, als
Chuck Norris sie sah hat er geweint

∞

Die Schnürsenkel seiner Schuhe
gehen schon auf wenn sich Chuck
Norris seinem Haus nur nähert

Chuck Norris schneidet mit einem Baum die Schere

∞

Chuck Norris ejakuliert flüssigen Stahl

∞

Chuck Norris ist soooo Cool, dass sogar Superman ein Pyjama von ihm hat

∞

Wenn Chuck Norris ein Pokémon
wäre würde es Trainer fangen
gehen

∞

Chuck Norris fällt keine Bäume,
wenn er vorbeigeht machen sie
einen knicks

∞

Nicht die Natur prägt Chuck Norris,
sondern Chuck Norris prägt die
Natur

Chuck Norris geht nicht Jagen,
Jagen beinhaltete die
Wahrscheinlichkeit des Versagens.
Chuck Norris geht töten

∞

Chuck Norris braucht keine Frau, er
hat sich selbst

∞

Chuck Norris kann sich selbst
befruchten

∞

Chuck Norris trinkt Bier aus Kästen

∞

Chuck Norris spielt Schere, Stein, Papier und er gewinnt selbst gegen Brunnen

∞

Chuck Norris macht einen Handstand, während er steht

∞

Chuck Norris wirft mit einem Dart
die 180! Wie? Er trifft die Triple-60

∞

Chuck Norris wird vom Blitz
getroffen, der Blitz entschuldigt
sich und blitzt ab

∞

Chuck Norris haute den Lukas, weil
Bud Spencer zu schwach war

∞

Chuck Norris gründete ein
Brennholz-Verleih

∞

Chuck Norris hat beim Poker
gewonnen, mit Pokémon-Karten

∞

Wenn es wie Huhn riecht, wenn es
wie Hühnchen aussieht und wie
Hühnchen schmeckt, aber Chuck
sagt, es ist Rind, dann ist es Rind

Jemand forderte von Chuck, er solle den Leuten nicht so oft Roundhous Kicks verpassen.
Historiker sind sich einig, dass diese Forderung, der größte Fehler war, der jemals begangen wurde

∞

Wenn Chuck Norris schläft gönnt sich das Tageslicht eine Pause

∞

Wenn Chuck Norris Dart spielt, dann wirft er mit einem Roundhousekick

Chuck Norris kann den Wasserhahn exen. Er hat dies schon 3-mal bewiesen

∞

Chuck Norris hat mal deine Mutter erschossen, mit Platzpatronen

∞

Chuck Norris ist so hart das er Berta aus „two and a half man" entjungfert hat

∞

Selbst Taube können Chuck Norris hören

∞

Facebook hat ein Chuck Norris Profil

∞

Chuck Norris wollte dich am 30. Februar besuchen... Aber du warst nicht da

∞

Chuck Norris versteckt vor dem
Schlafen immer sein Kopfkissen
unter seiner Waffe

∞

Vögel fliegen am Himmel, aber
Chuck Norris unter der Erde

∞

Chuck Norris kann seinen
Wocheneinkauf bei Schlecker
erledigen

∞

Chuck Norris hat alle Pokémons gefangen. Mit seinem Festnetztelefon

∞

Chuck Norris kann 5 Uzi's gleichzeitig abfeuern. 4 Stück hält er in seinen Händen und Füßen und die 5te schleudert er mit einem Roundhouse kick in die Luft, sodass es ein schönes Streufeuer ergibt.

∞

Jesus wurde gekreuzigt und ist drei Tage später wieder auferstanden. Chuck Norris wurde auch gekreuzigt. Er ist drei Tage vorher wieder auferstanden

∞

Wenn ein Zombie Chuck Norris beißt wird der Zombie zu Chuck Norris

∞

Warum bist du dumm? Weil Chuck Norris es gesagt hat

Deine Mutter ist so hässlich das
Chuck Norris nicht hingucken kann

∞

Wenn Chuck Norris aus dem Haus
geht rennen alle nach Hause

∞

Chuck Norris stinkt nicht. Der
Gestank bist du

∞

Wimpern hat Chuck Norris nicht.
Das sind Augenbärte

∞

1945, einen Tag bevor die Nazis
aufgaben, wurde Chuck Norris
geboren. Zufall?

∞

Nur Chuck Norris darf während der
Fahrt mit dem Busfahrer sprechen

∞

Chuck Norris kann Gremlins
ertrinken lassen

∞

Chuck Norris trinkt Urin und pinkelt
Bier

∞

Chuck Norris ist immer erste Wahl

∞

Chuck Norris hat den Klimawandel
mit einmal pusten beendet

∞

Popeye isst Spinat – Chuck Norris
isst Popeye

∞

Microsoft will einen
Bildschirmschoner entwickeln der
sich auch einschaltet, wenn Chuck
Norris am Screen ist, ...nur haben
die noch keinen Plan wie sie das
auch nur ansatzweise machen wolle

Chuck Norris spielt Minecraft, die Dorfbewohner geben ihm aus Respekt Diamanten

∞

Chuck Norris bestellt im Kino ein Liter Popcorn und bekommt es

∞

Chuck Norris schneidet das Messer mit einem Brot

∞

Chuck Norris kennt keinen Durst
der Durst kennt Chuck Norris

∞

Chuck Norris sieht die Extended
Version der Herr der Ringe in einer
Stunde

∞

Chuck Norris fliegt Flugzeug...auf
dem Dach

∞

Chuck Norris hat die Wahl vor
Donald Trump gewonnen

∞

Chuck Norris fängt den Schnatz,
OHNE BESEN

∞

Chuck Norris machte einmal einen
so heftigen Roundhouse kick,
dadurch ist er in die Zeit
zurückgereist und konnte Adolf
Hitler töten

Einige Menschen wollen Präsident
der USA werden, noch viel, viel
mehr wollen Präsident werden,
aber nur einer will USA werden,
...Chuck Norris

∞

Das Universum dehnt sich nicht
aus, es flieht vor Chuck Norris

∞

Chuck Norris ist krasser als Dwayne
„The Rock" Johnson

Chuck Norris spielt Billiard nur mit der weißen Kugel

∞

Chuck Norris macht Liegestütze mit gebrochenen Armen

∞

Wenn Chuck Norris Fallschirmspringen geht, braucht er keinen Fallschirm. Der Fallschirm braucht ihn

∞

Chuck Norris tankt nicht. Das Auto
fährt aus Respekt

∞

In einem Zimmer gibt es 156 Dinge
mit denen dich Chuck Norris töten
kann, einschließlich den Raum

∞

Es gibt Aliens, welche die Welt
erobern wollen. Sie warten nur bis
Chuck Norris gestorben ist damit
sie angreifen können

Chuck Norris furzt nur, um zu töten

∞

Die Credits nach einem Film mit Chuck Norris, ist nicht die Aufzählung mit Leuten, die bei dem Film mitgemacht haben, sondern eine Liste mit Leuten, denen Chuck Norris einen Roundhouse Kick verpasst hat

∞

Chuck Norris hat keine Türen, sondern nur eine Mauer durch die er läuft

Um unerkannt zu bleiben änderte Chuck Norris seinen Familiennamen, ...es gelang ihm aber nicht

∞

Chuck Norris macht Feuer in der Hölle

∞

Chuck Norris mäht auch am Sonntag und Karfreitag den Rasen

∞

Chuck Norris wartet nicht auf den Bus, der Bus wartet auf ihn

∞

Weil sich niemand traut muss Chuck Norris seine Filme selbst schneiden

∞

Chuck Norris Frau hat mal eine Gans verbrannt, er ging selber raus und kam nach 20 Sekunden wieder mit einer lebendigen Gans. Er schluckte sie in einem Stück und würgte sie genauso schnell wieder hoch, fertig gegart mit Beilage!!! Als seine Frau ihn fragte: "wie er das könne, verpasste er ihr einen Roundhouse Kick und sagte: „MAN STELLT CHUCK NORRIS KEINE FRAGEN

∞

Chuck Norris kann Einbeinige tunneln

Chuck Norris Hund sammelt seine Haufen selber ein, weil sich Chuck für niemanden bückt

∞

Chuck Norris Computertastatur hat keine Löschtaste. Chuck Norris macht keine Fehler

∞

Chuck Norris kriegt auch Geld für Flaschen ohne Pfand

∞

Chuck Norris darf vom Beckenrand springen

∞

Bill Gates lebt in ständiger Angst, dass der PC von Chuck Norris abstürzt

∞

Chuck Norris fährt in England einfach auf der rechten Seite

∞

Chuck Norris hat versucht Gewicht zu verlieren. Jedoch verliert Chuck niemals

∞

Chuck Norris kann Drehtüren eintreten

∞

Es gibt keine Steroide im Bodybuilding - Nur Menschen, die Chuck angehaucht haben

∞

Warum sieht Chuck Norris sein
Spiegelbild im Spiegel nicht?
Es kann nur einen Chuck Norris
geben

∞

Chuck war Kamikaze-Pilot... 12 Mal

∞

Einmal hat Chuck Norris eine ganze
Torte gegessen, bevor ihm jemand
sagen konnte, dass da eine
Stripperin drin war

∞

Nur Chuck Norris darf die Straße neben dem Zebrastreifen überqueren

∞

Chuck Norris darf bei IKEA auch die gelbe Tasche mitnehmen

∞

Was ist der Unterschied zwischen Chuck Norris und Gott? Gott kennt Gnade

∞

Chuck Norris hat keine
Herzattacken. Kein Herz wäre so
verrückt Chuck Norris zu
attackieren

∞

Chuck Norris kann einen Hut aus
einem Hasen herauszaubern

∞

Besser mit Chuck Norris teilen als
von Chuck Norris geteilt zu werden

∞

Chuck Norris war in der Hölle. Anschließend ist der Teufel ist vor Angst gestorben

∞

Warum weinen Kinder, wenn sie auf die Welt kommen? Weil sie wissen, dass sie eine Welt mit Chuck Norris betreten haben

∞

Chuck Norris ist der Einzige, der die Zeit wirklich totschlagen kann

Chuck bekommt nie Spam-Mails

∞

Wäre Chuck Norris in Fukushima gewesen, dann hätte sich das Atomkraftwerk (AKW) nicht getraut zu explodieren

∞

Chuck Norris bucht in der Schweiz ein Hotelzimmer mit Meerblick und bekommt es

∞

Chuck Norris darf an Tankstellen
rauchen

∞

Chuck Norris spielt Paintball ohne
Maske

∞

Wie heißt die Tochter von Chuck
Norris?
Chuckeline

∞

Als Chuck Norris sein Elternhaus verließ, sagte er zu seinem Vater: „So jetzt bist du der Mann im Haus"

∞

Chuck Norris weiß wer Jack the Ripper war

∞

Chuck Norris ist so stark, er benutzt Klitschko als Schoßhündchen

∞

Chuck Norris sagt zu manchen
Menschen, sie sollen an seinem
Finger ziehen. Wenn sie das tun,
Roundhouse kickt er sie in den
Bauch, dann furzt er

∞

Wenn du Chuck Norris am Finger
ziehst, dann furzt du

∞

Chuck Norris streichelt keine Tiere,
die Tiere streicheln sich selbst,
wenn er in der Nähe ist

Chuck Norris hat einen
Grizzlybären-Teppich. Der Bär lebt,
hat bloß Angst, sich zu bewegen

∞

Chuck Norris entführt Aliens

∞

Chuck Norris niest mit offenen
Augen

∞

Wenn Chuck Norris einen Raum
betritt, stehen sogar die Stühle auf

∞

Warum haben sich die Amerikaner
dazu entschieden Atombomben auf
Japan zu werfen und nicht einfach
Chuck Norris hinzuschicken?
Ist humaner

∞

Chuck Norris wurde letztens von
der Polizei angehalten... Die
Polizisten sind mit einer
Verwarnung davongekommen

Chuck Norris Tochter hatte Ihre Jungfräulichkeit verloren. Am nächsten Tag hatte sie sie wieder

∞

Herr Norris benutzt keine Kondome, denn es gibt nichts, was vor ihm schützen könnte

∞

Chuck Norris trinkt den 17 Uhr Tee schon um 16 Uhr

∞

Chuck Norris kann im
Kinderkarussell überholen

∞

Chuck Norris hat bei dem Spiel:
„Reise nach Jerusalem" immer
einen Stuhl frei

∞

Chuck Norris hat als Kind
Sandburgen gebaut - heute nennt
man sie Pyramiden

∞

Die Cowboy-Stiefel von Chuck
Norris sind aus echten Cowboys

∞

Chuck Norris kann eine Bank
ausrauben und zwar per
Telefonbanking

∞

Chuck Norris hat mal bei
McDonald's einen Doppel
Whopper bestellt... und ihn
bekommen

Chuck Norris spielt TicTacTo und
gewinnt bei zwei Zügen

∞

Chuck Norris hat einen Sohn...
Barack Obama...wie es geht...er ist
der Sohn von Mike Tyson

∞

Chuck Norris klaut den Polen die
Autos

∞

Chuck Norris war bereits auf dem Mars. Das ist der Grund dafür, warum es dort kein Leben mehr gibt

∞

Als Chuck Norris geboren wurde, sagte der Arzt zur Mutter: „Glückwunsch, es ist ein Mann"

∞

Chuck Norris hat keinen Schatten. Die Wand möchte nur so aussehen wie Chuck Norris

Der Sensenmann hatte eine Chuck Norris - Erfahrung, er wurde aber erfolgreich wiederbelebt

∞

Chuck Norris muss beim Fußball nicht den Ball ins Tor schießen. Er verpasst dem Tor einen Roundhouse Kick und kriegt somit ein Tor. Niemand beschwert sich

∞

Chuck Norris zeigt den Leuten nicht was eine Harke ist. Die Harke zeigt den Leuten was ein Chuck Norris ist

Chuck Norris spielt Domino mit Elefanten

∞

Chuck Norris gräbt den Graten mit seinen bloßen Händen um

∞

Chuck Norris ist zu einem Drittel Indianer. Aber nur, weil er mal einen gegessen hat

∞

Wenn man zu viele Chuck Norris Witze schreibt, erscheint Chuck Norris hinter dem Autor, holt zum Roundhouse-Kick aus, schleudert den Kopf des Schreibers auf die Tastatur und huiovht4nhfio4 uz8o4gfv498ph74hbv8749i5g5hg4 uh5

ENDE

Wir danken dem großartigen Chuck Norris

Weitere Werke von

Nic Ati

xXx -Die lustigsten Titel im Pornogeschäft-

Verlag

Books on Demand

4,99 €

ISBN-13:978-3-7448-8612-3

Dürfen Polizisten eine Räuberleiter machen?

Verlag

ebubli

10,99 €

ISBN-13: 978-3-7450-7368-3

FSC
www.fsc.org

MIX

Papier aus ver-
antwortungsvollen
Quellen
Paper from
responsible sources

FSC® C105338

Herstellung und Verlag:
BoD- Books on Demand, Norderstedt
ISBN: 978-3-7448-7312-3